나비 도둑

시작시인선 0539 나비 도둑

1판 1쇄 펴낸날 2025년 07월 25일
지은이 오봉옥
펴낸이 이재무
기획위원 김춘식, 유성호, 이형권, 임지연, 차성환, 홍용희
책임편집 이호석, 박현승
편집디자인 김지웅, 장수경
펴낸곳 (주)천년의시작
등록번호 제301-2012-033호
등록일자 2006년 1월 10일
주소 (03132) 서울시 종로구 삼일대로32길 36 운현신화타워 502호
전화 02-723-8668
팩스 02-723-8630
블로그 blog.naver.com/poemsijak
이메일 poemsijak@hanmail.net

ⓒ오봉옥, 2025, printed in Seoul, Korea

ISBN 978-89-6021-815-4 04810
      978-89-6021-069-1 04810(세트)

값 11,000원

*이 책 내용의 전부 또는 일부를 재사용하려면 반드시 저작권자와 (주)천년의시작 양측의 동의를 받아야 합니다.
*잘못된 책은 바꾸어 드립니다.
*지은이와 협의하에 인지는 생략합니다.

나비 도둑

오봉옥

천년의 시작

시인의 말

내 인생의 칠할을 시와 함께 걸어왔다.
시는 아내보다 더한 잔소리꾼이어서
나를 끊임없이 되돌아보게 만들었다.

등단 40년.
그 오랜 시간에도
시적 성취라 내세울 만한 것이 없었다면,
그건 아직도 내 문학적 수행이
미진하다는 뜻일 것이다.

오래 시를 쓰다 보니
보이지 않던 것들이
어느 날 문득 내게 말을 걸어오기도 한다.
내가 얼마나 더 시를 쓸 수 있을지 모르겠지만,
앞으로도 나만의 작은 밭을
묵묵히 일구며 살아가고 싶다.

문학에 대한 고민을 늘 함께 나눠주시고
표4 글까지 써 주신 임우기 선배님,
이 어려운 시기에 시집을 만들어 주신 이재무 선배님,
해설을 맡아 주신 송기한 선생님께
이 자리를 빌어 깊이 감사드린다.

차 례

시인의 말

제1부

기울긴 허느디 ──── 11
이것이 중도랑께 ──── 12
나비 도둑 ──── 13
열무 쌈 ──── 14
거풍을 하다 ──── 16
어무이, 어디 가시요? ──── 18
고시레라는 말 ──── 20
아버지의 목마 ──── 22
시굿 ──── 24
사랑이라는 등불 ──── 26
노숙자 예수 ──── 27
나는 차마 주인을 부르지 못했네 ──── 28
판테온 신전 ──── 30
삶과 죽음은 하나 ──── 31
세상에서 가장 아름다운 사람 ──── 33
단테의 나라 ──── 34
가로등을 끄는 이유 ──── 35
곤돌라 인생 ──── 37
경차의 나라 ──── 39
화폭에 깃든 복종 ──── 40
플라타너스 천국 ──── 41
죄를 짓는 일 ──── 43

제2부

발자국 하나 ──── 47
사나이 노무현 ──── 48
1992년 가을 ──── 52
사전에 올림말 추가하기 ──── 53
사투리 비빔밥 ──── 56
어른애와 늙은아이 ──── 57
풀바다 ──── 59
달을 베어 문 늑대의 이야기 ──── 60
늑대가 울어 ──── 61
시란 ──── 62
내 것 ──── 64
개벽의 하늘 ──── 66
회통 ──── 68
전선야곡(電線夜曲) ──── 70
나비와 우체국 ──── 72
나무가 된 시계탑 ──── 74
굴러온 돌이 박힌 돌을 빼는 이유 ──── 76
이사 ──── 78

제3부

세상을 뒤집어 보면 ──── 81
훔치다 ──── 82
엇 ──── 84
고상할 권리 ──── 86
밥 짓는 시간의 탐험가 ──── 89
스며든 시간 ──── 90
추억을 밟는다 ──── 92
일심 ──── 94
효자 임영웅 ──── 96
말은 이제 내 안을 걷는다 ──── 98
꽃의 죽음 ──── 100
새의 마음 ──── 102
세상에서 가장 아늑한 집 ──── 103
우리가 사는 세상 ──── 104
비애증飛愛症 ──── 106
그림자를 대하는 여섯 가지 방식 ──── 108
네가 좋아서 ──── 110
보고 싶다 ──── 111

해 설
송기한 자아를 찾는 길과 나아갈 길 ──── 114

제1부

기울긴 허는디

울엄니 돌아가시기 전까지 죽어라고 했던 말
기울긴 허는디,

누가 김장했다고 김치 한 포기 들고 오면
이짝이 기울긴 허는디 이거라도,
고구마 두어 개 신문지에 돌돌 말아 슬그머니 내밀었지

내 결혼할 때 사돈을 처음 만난 자리에서도
기울긴 허는디, 우리 새끼 자석으로 생각해 주시고,
당황한 사돈 두 손 내저어도 고개 깊이 수그렸지

어느 날 울아부지 훌쩍 먼 길 떠나자 영정 사진 앞에서
당신에 비허면 기울긴 허는디, 나도 당신 사랑혔소,
에고, 난생처음으로 속마음 한 자락 꺼냈지

지금껏 살아오면서 이보다 더 큰 가르침 없었지
내가 좀 기운다 생각하면 누구와 싸울 일 없지
상대를 모시는 마음 절로 생겨 배우고 또 배우게 되지

이것이 중도랑께

중도가 별것이간디
DJ 말*대로 도랑에 든 소처럼 중간에 딱 버티고 서서
이짝으로 고개 돌려 한 볼테기
저짝으로 고개 돌려 한 볼테기 하면 되는 거랑께
간에 붙었다, 쓸개에 붙었다 하는 게 아니라
태산처럼 중심에 우뚝 서서
이짝도 한 번 저짝도 한 번 공평하게 봐주는 게 중도랑께
도랑, 을매나 좋아
고개만 돌려도 식탁이 차려져 있고
바닥엔 마실 물까지 졸졸졸 흐르니 을매나 좋아
바람 불면 풀도 악기가 되어 노래를 불러 쌓고
누가 와서 도랑에 구름도 슬쩍 담가 놓고 가는디
여그가 천국이 아니면 어디가 천국이겄어
지는 해에 느릿느릿 돌아가는 도랑의 소
풀도 맘껏 뜯어 묵고 물도 양껏 묵고 나면
세상 지 거 아니겄능가

* 김대중 전 대통령은 강대국에 둘러싸여 있는 우리나라의 외교정책은 도랑에 든 소가 양쪽 언덕의 풀을 뜯어 먹는 것처럼 어느 한쪽으로 치우치지 않고 실리를 추구해야 한다고 말했다. 이는 김대중 외교의 실용주의적 성격을 보여주고 있는 사례로 평가받는다.

나비 도둑

나비 한 마리
지하철로 숨어들었다

선반 위 짐들을 조심스레 살펴보니
마땅히 훔쳐 갈 만한 게 없었다

흔들거리는 손잡이에 앉아 아래를 살펴보니
사람들이 모두 자신을 바라보고 있었다

"어머, 불쌍해서 어떡해
나비가 길을 잃었나 보네"

그때 한 아이가 소리 질렀다
"나비 도둑이다!"

그 순간, 나비는 훔쳐 갈 것을 발견했다
자신의 정체를 알아본 그 아이의 눈이었다

열무 쌈

엄니는 바람이었다.
죽기 전날까지도 요양병원을 축제처럼
들썩이게 만드는 바람.

"광숙아, 열무 쌈 좀 먹어야겄다. 말바우 시장 가서, 하우스 거 말고 콩밭에 심은 열무 한 다발 후딱 좀 사 오니라."

열무 한 단 사 들고 가자 아니나 다를까
또다시 회오리바람 일으켰다.
병실마다 돌아다니며
우리 효녀 딸이 엄마가 좋아한 걸 알고 사 왔다며
싱싱한 열무와 쌈장을 내밀었다.

"한 볼테기 해보랑께요, 입속이 풋풋한 것이 여간 맛난 게 아니어라우."
지나가는 요양보호사까지 불러 입속에 봄바람을 밀어 넣었다.

그러던 울엄니 돌아가시는 순간까지 바람이 되어 들썩거렸다.

집에 간다고 정갈하게 목욕하고 침대 모서리에 걸터앉아
춤추듯 엉덩이를 들썩거리다가 그만 긴 잠 들어버린 엄
니.
어느 세상으로 건너가 또 새로운 바람 일으키고 계시는
지.
불러도 불러도 대답이 없다.

거풍을 하다

책도 숨을 쉬어야 하는 것이여,
생전에 성철 스님은 해마다 한 번
마당에 책들을 펼쳐 놓고 바람을 들였네

종이 사이사이로 스며드는 햇살과 바람의 숨결
그것은 생명을 머금고 숨 쉬게 하는 책의 의식

아무리 화려한 화분 속 꽃이라 해도
바람이 통하지 않으면 쉬이 시들어 버리는 법
때때로 창문을 열어 숨통을 터주어야 하듯

우리도 가끔 한 번씩은 마음을 닦아야 하네
옹졸하고 비겁하고 미움 가득한 마음을 꺼내
닦고 또 닦아서 숨통을 툭 터줘야 하네

이를테면,
아내가 시부모에게 용돈 주면 고마워하면서
친정 부모에겐 십만 원이라도 더 줄까 봐
도끼눈 뜨고 쳐다보던 일

썩어 문드러진 정부엔 무덤덤하면서

내가 좋아하는 축구 선수가
새파랗게 어린 후배 녀석에게 폭행을 당할 땐
씩씩거리며 몇 날 며칠 잠을 못 이루던 일

공개된 자리에선 비판도 하지 못하면서
이름을 숨기고 댓글로나 욕설을 퍼붓던 일
가수왕이라는 타이틀을 너나없이 붙여 쓴다고
혼자서 궁시렁거리다가 아내에게 핀잔이나 받던 일

그래, 영혼까지도 통풍이 필요한 법이지,
한 해에 한 번 거풍을 하셨던 성철 스님의 그 마음이
내 영혼의 통풍을 불러일으켰네

어무이, 어디 가시요?

우리 할머니 머릿속에는
지우개가 살아요

장난꾸러기 지우개는
어제 일을 지워 버려요

가끔은 길도, 집도
모두 지워 버려요

쓱쓱...
계속 지우다 보니
가족들만 남았어요

언젠가는
자식들도, 손주들의 얼굴도
모두 지워 버리겠죠?

하지만
지울 수 없는 게 있어요
엄마의 얼굴

어느 날
누나가 집을 나서는데
할머니가 말했어요

"어무이, 어디 가시요?"

고시레라는 말

울아비 노란 주전자에 술 한 되 받아오면
그 좋아하는 술 입에도 대기 전에
술잔을 허공에 찍 뿌리며 고시레!

그건 무당이 굿할 때
첫술을 귀신에게 먼저 바치는
그 마음과도 같은 것이니

울엄니 정지에서 설거지를 마친 뒤
뜨거운 물 한 바가지 마당에 뿌리기 전
땅속 벌레 한 마리라도 놀랄까 봐
허공에 대고 먼저 외치는 고시레!

그건 성철 스님 다비식 때
제자들이 장작더미에 불을 붙이기 전
스님 불 들어갑니다, 하고 외치는
그 마음과도 같은 것이니

고시레라는 말
얼마나 좋아

나보다 먼저 누군가를 생각하고
이 세상 모든 것을 모시는 마음으로
정성껏 받들겠다는 그 말

고시레!
고시레!

아버지의 목마

어린 시절, 아버지는 나를 목마에 태우며
늘 하늘을 보라고 하셨어요.
"하늘처럼 높은 이상을,
하늘처럼 넓은 가슴을 가져야 한다." 하시면서요.

내가 열두 살이 되었을 때,
다섯 살짜리 조카 목말 태우며
아버지의 말씀을 떠올렸어요.
"내가 널 목마에 태우면 하늘을 봐.
얼마나 높고 넓은지 잘 봐."

조카를 목에 올리고 일어섰을 때,
다리가 휘청거렸어요.
한 걸음, 두 걸음, 조심스럽게 내디디며
발이 돌부리에 걸릴까 봐 땅만 쳐다봤죠.

그 순간 깨달았어요.
어릴 적 내가 하늘을 보던 그때,
아버지는 나를 지키기 위해
땅만 보며 걸었단 걸.

아버지의 가슴이
하늘보다 높고 넓었다는 걸.

시굿*

휘-
이 나라를 어찌할꼬
귀신이 많다
죽어 죽지 못한 원혼들이
바람이 불 때마다 내게 와 속삭인다

내 눈 좀 감겨줘
내 흘린 핏자국 좀 닦아줘

술에 취해
집으로 돌아오던 길
오늘은 또 물에 빠져 죽은 채 상병이
내 앞을 가로막더니
씻어줘
달래줘
내 영혼을 마구 두드린다

내 오늘도 시굿 한번 해야겠다

젊은 친구가 졸지에 죽었으니
굿 없이 어찌
눈을 감으랴

넋이로세 넋이로세
수중고혼 넋이로세
넋인줄을 몰랐더니
오늘보니 넋이로세

불쌍한 망자씨 이 시굿 받어 잡수시고 십왕극락 가옵소사
천고에 맺히고 만고에 맺힌 한은 우리에게 맡기고
환생극락 가옵소사 새왕극락으로 가옵소사 휘-

* 시굿 : '시인이 말로써 슬픔과 분노, 억울함을 어루만지는 언어의 진혼제'라는 뜻으로 만든 말.

사랑이라는 등불

악마가 깊은 고민에 빠졌대
어떻게 하면 이 세상을 한순간에 끝낼 수 있을까?

전쟁의 불씨를 지펴 볼까
알 수 없는 병균을 다시 퍼뜨려 볼까
사람들이 숨 쉴 수 없게 기후를 뒤바꿔 볼까

악마는 고민 끝에 결심했대
사랑이라는 등불을 꺼버리기로

탁!

사랑의 등불이 꺼지자
세상은 순식간에 암흑 속에 잠겼대
별빛조차 닿지 않는 깊은 어둠

그때 사람들은 비로소 깨달았대
사랑이라는 등불보다 더 밝은 빛은
이 세상 그 어디에도 없다는 사실을

노숙자 예수

서소문역사공원에 가면
얇은 이불을 머리까지 뒤집어쓴
노숙자 예수가 긴 의자에 누워 있어요.

사람들은 그 발에 난 못 자국을 보고서야
그게 예수님인 줄 알고 두 손을 모으지요.

하지만 사람들은 잘 몰라요.
예수님이 왜 거기 누워 있는지를.

밤이면 그 예수님이 일어나
차가운 시멘트 바닥에서 잠을 자고 있는
노숙자들을 찾아가
자신의 이불을 슬그머니 덮어준다는 사실을.

나는 차마 주인을 부르지 못했네

프라하의 작은 골목
카페 하나가 눈에 쏙 들어와
무심결에 발을 들여놓았네

카페 구석,
여주인이 노인 한 사람을 앞에 앉혀두고
따뜻한 미소로 바라보고 있었네
어깨에 먼지가 내려앉은
오래된 외투를 입은 노인이었네

저기요,
주인장을 부를까 하다가 가만히 지켜보니
커피 한 잔과 빵 한 조각을 대접하며
말없이 그의 이야기에 귀를 기울이고 있었네

그의 손엔 겨울이 묻어 있었고
그녀의 눈엔 봄이 깃들어 있었네

낡고 더러운 옷을 입은 노인에게
카페 한구석의 자리를 내어주는 일이나

커피나 빵 한 조각을 건네는 일도 쉽지 않은 일인데
그 노숙자의 이야기가 끝날 때까지
가만히 들어주고 있는 모습을 보니 눈물이 핑 돌았네

그 순간, 깨달았네
진정한 아름다움은 동정보다도 존중에 있다는 것을
추운 겨울 마음마저 녹이는 그 모습을 보고
나는 한동안 주인을 부르지 못했네

판테온 신전
—西方尋我記* 1

판테온 신전은 만신을 모시는 신전이다.
로마 사람들은 무슨 일이 생기면
그곳으로 달려가야 안전하다고 믿는다.

신전 입구에는 어마무시한 돌기둥들이 호위무사처럼 서서 만신을 지킨다. 그 크기에 압도된 사람들은 돌기둥에 개미처럼 다닥다닥 붙어 연신 사진을 찍는다.

나는 무슨 일이 생기면 어디로 가야 하나.
내 인생, 참 불쌍도 하지.
나에게는 딱히 떠오르는 피난처가 없다.
죽어서도 시어머니 곁에 누워 내 걱정이나 하고 있을
불쌍한 울엄니에게나 가야 하나.
어쩌나.

* 서방심아기 : '서방에서 나를 찾다'라는 뜻으로 만든 말.

삶과 죽음은 하나
−西方尋我記 2

   이탈리아에서는 묘지를 산에 두지 않고 집 가까이에 둔다.
   삶과 죽음이 하나다.
   삶이 죽음을 껴안고 죽음이 삶을 어루만진다.

   사람들은 출퇴근길에 묘지에 들러 안부를 묻는다. 시시콜콜한 이야기를 나누다 엉덩이 툭툭 털고 일어나 내일 봐요, 인사하고 집으로 총총 돌아간다. 주말이면 아이들과 함께 아버지의 묘소에 소풍을 간다. 꽃집에 들러 꽃을 사고, 빵집에 들러 빵도 사면서 아이들에게 할아버지 얘기를 들려준다.

   우리들의 아버지 어머니는 어디에 있나.
   일 년에 한두 번 겨우 찾게 될
   머나먼 선영에서나 잠들어 계시는 건 아닌지.
   그리하여 바쁘다는 핑계로
   너무도 쉽게 잊어버리고 사는 건 아닌지.

   삶과 죽음을 애써 떼어 놓고 살면서
   우리는 무엇을 잃고 있는가.

삶이 죽음을 배척하는데
죽음이 어찌 삶을 외면하지 않을 것인가.

세상에서 가장 아름다운 사람
−西方尋我記 3

카프리 해변,
주근깨 가득한 중년 여인이
세상과 단절된 듯 책을 읽고 있었다.

누가 옷을 훌러덩 벗고 지나가든 말든
누가 보트를 타며 바다를 가르든 말든
누가 서핑을 하며 곡예를 하든 말든

곁에서 일광욕하는 사람들이
몸을 뒤집으며 시시덕거리는데도
오롯이 책 속에만 빠져 있었다.

동방에서 온 중늙은이 하나
자신을 물끄러미 쳐다보고 있는 줄도 모르고
책 속에서 눈을 떼지 못하더니
어느 순간 불현듯 일어나
가방 들고 사라져 갔다.

얼른 가서 나머지를 읽어야겠다고 생각했는지
책 속에 집게손가락을 낀 채로 부리나케.

단테의 나라
-西方尋我記 4

　단테의 『신곡』은 출간되자마자 화제가 되었으나 피렌체 사투리로 쓰여 모두가 쉽게 읽을 수는 없었다고 한다. 그래서 많은 이들이 그 책을 읽기 위해 피렌체 어를 배웠고, 그 말은 결국 이탈리아의 표준어가 되었다. 우리로 따지자면 누군가 제주도 방언으로 책을 써 그 책이 표준어가 된 셈이다. 그러니 어찌 놀라지 않을쏜가. 하나의 문장이 하나의 나라를 바꿀 수 있다면 나는 오늘 어떤 문장을 써야 할까. 단테가 나라가 된 그곳에서 나는 나의 나라를 떠올린다. 그리고 작가로서의 나를 다시 쓰기 시작한다.

가로등을 끄는 이유
-西方尋我記 5

스위스의 한적한 농촌 마을을 걷는데
초저녁인데도 가로등이 모두 꺼져 있어
앞이 도통 보이질 않았다.

"여기선 왜 가로등을 켜지 않나요?"
"가로등을 켜두면
나무나 풀들이 쉴 수가 없어서
스트레스를 받게 되거든요.
밤새 불을 켜두면, 당신은 잠이 오겠어요?"

그 말을 듣는 순간
낯이 화끈 달아올랐다.
나는 왜 한 번도
그런 생각을 하지 못하고 살아왔을까.

그동안 나는
얼마나 자연을 배려하며 살아왔을까.

누군가는
풀잎 하나에도 한울이 깃들어 있으니

모시는 마음으로 살아야 한다고 말하는데

나는 왜 나만을 생각하며
한사코 밤길을 걷고자 하였는지.
나는 그동안 얼마나 많은
풀잎들의 밤을 깨워왔을 것인지.

곤돌라 인생
―西方尋我記 6

물의 도시 베네치아에 가서
배를 타지 않고 떠날 수는 없는 일.
우리는 용 무늬가 새겨진 곤돌라에 오른다.

용맹한 전사 테오도르가 뱃머리에 우뚝 서서 길을 연다.
출렁이는 물결 따라 테오도르의 몸이 활처럼 휜다.
깜짝 놀라 위험하지 않으냐고 물었더니
당신들 살아온 인생보다야 더 흔들리겠냐며 빙긋이 웃는다.

나는 생각한다.
수배자 신세로 전국을 떠돌고,
시를 써서 감옥에도 갔던 나의 삶―
곤돌라와 다를 게 없다.

베네치아의 물길을 따라
곤돌라가 천천히, 아주 천천히 미끄러진다.
모든 것이 물에 비친 듯
이 도시의 시간은 느리게 흐른다.

빠르기만 했던 일상에서 잠시 빠져나와
숨을 고르고,
고요한 물 위를 유영하며
내 삶의 방향을 가늠해 본다.

나는 지금
어디로 가고 있는가.

경차의 나라
-西方尋我記 7

정년을 앞두고 찾은 로마에서
수천 년 유적보다 눈길을 끈 건
거리마다 빼곡히 선 경차들이었다.

성냥갑처럼 작다고 무시했던
그 작은 차들이 도로 위를 씽씽 달리며
이 도시의 심장처럼 펄떡거리는데
이 나라가 새삼 달리 보였다.

차 바꿀 때 체면도 있으니
중형차나 한 대 뽑을까 한 나 자신이
문득 부끄러워지는 순간이었다.

화폭에 깃든 복종
-西方尋我記 8

프랑스 루브르 박물관에서 가장 인상 깊게 보았던 그림은 레오나르도 다빈치의 '나폴레옹 대관식'이 아니라 어용 작가 자크 루이 다비드의 '나폴레옹 대관식'이었다. 그는 그림을 완성한 뒤, 황제의 요구로 그 자리에 없던 어머니를 대관식 장면 속에 살짝 끼워 넣었다. 원래 그 자리에 황제의 어머니는 초대될 수 없었지만, 권력자의 눈에 들기 위해 어머니의 형상을 슬그머니 추가해 준 것이었다. 나는 새삼 다짐했다. 최소한 권력자에게 아부하는 글만은 쓰지 말아야겠다고.

플라타너스 천국
－西方尋我記 9

런던의 길가엔 플라타너스가 아직도 많다.
부사어 '아직'은 사람들을 착잡하게 만든다.
"너 아직도 그렇게 살아?"
"아직도 결혼 못 했어?"
런던에 와서 이 '아직'이라는 말이 새삼 고맙게 느껴진다.

꽃가루 알레르기를 일으킨다고
플라타너스를 베어 버릴 때마다
나는 추억의 상실감을 느껴야 했다.
매번 톱 소리가 울릴 때마다
내 어린 시절도 조금씩 사라져 갔다.

내가 팽이처럼 조그맣던 시절
플라타너스 나무는 커다란 우산이었다.
온종일 운동장에서 뒹굴다 비를 만났을 때
부리나케 달려간 곳은 커다란 플라타너스의 품속이었다.

시장통에서 자란 나는
플라타너스가 벗어 놓은 그림자를 밟으며 자랐다.
"여긴 꽃가루 알레르기 걱정은 안 하나 봐요?"

"알레르기가 있으면 약을 먹어야지 자연을 왜 바꾸나요?"
 영국 현지 가이드의 대답이 내 가슴을 날카롭게 파고들었다.

죄를 짓는 일
－西方尋我記 10

영국 박물관에서의 일이다.
이집트의 미라를 보고 많은 사람이
카메라 셔터를 눌러댔다.
영생을 꿈꾸며 미라가 된 사람들.
삶과 죽음이 하나였던 사람들.

살아서 짧은 생,
죽어서 영원을 살고자 했지만
먼 훗날,
동물원의 원숭이처럼
호기심의 대상이 되어 버린 존재들.

삶과 죽음이 별개여서
연신 셔터를 누르는 사람들 사이에서
나는 핸드폰을 슬그머니 내려놓는다.
사진을 찍는다는 게 죄를 짓는 일인 것 같아서
카메라를 치켜들다가 불현듯 내려놓았던 것.

고요한 전시실에 울려 퍼지는 셔터 소리 속,
그들을 바라보며 생각한다

나는 어떻게 기억되길 바라는가?
나는 어떤 영원을 꿈꾸고 있는가?

제2부

발자국 하나

눈이 쌓여 걸을 수 없게 되자
아빠 곰이 먼저 길을 열었다.
엄마 곰이 아빠 곰의 발자국을 따라 걸었다.
누나 곰이 다시 그 발자국을 따라 걸었다.
동생 곰이 다시 그 발자국을 따라 걸었다.

배고픈 호랑이가 그 발자국을 보고
"오늘은 곰이나 한 마리 잡아먹어야겠다!"
하고는 그 발자국을 따라갔다.
그날 이후, 누구도 호랑이를 보지 못했다.

사나이 노무현

1.
백 년 후, 이백 년 후, 오백 년 후에도
정치 드라마의 주인공이 될 바보 노무현
오늘 나는 언젠가 대본을 쓰기 위해
노트북 앞에서 낑낑대고 있을
어느 젊은 작가를 위해
그의 일화나 하나 전하려 하오

2.
1996년 여름, 술에 취해 두만강에 뛰어들어 북으로 건너간
김하기 소설가가 안기부에서 조사를 받을 때의 일이라오.
소설보다 더 소설 같은 사건이 벌어지자
우리가 다급히 손을 내민 이는 노무현 변호사.
그는 우리의 손을 주저 없이 잡아 주었소.
어느 날 노 변호사와 나는 접견을 위해
내곡동 안기부 신청사로 향했소.
안기부라 하면 나는 새도 떨어뜨린다는 무시무시한 시절인지라

잔뜩 긴장한 채로 갔더니
정문 앞에 검은 지프 한 대가 우리를 기다리고 있는 게 아니겠소.
수사관들이 차에서 내려 대뜸
"여기는 보안 구역이라 접견실까지 안대를 착용해 주셔야겠습니다"
하고 우리 눈을 가리려 하자,
그 순간 노 변호사가 수사관의 손을 '탁' 치며 고함을 질렀소.
"뭐 하자는 겁니까? 대한민국 변호사가 우습습니까?"
(이때 노무현 변호사의 표정은,
잠자는 호랑이의 코털을 건드렸을 때나 나올 수 있는 그런 표정이었소)
"그럼 접견실까지 가는 동안 고개를 돌리지 말아 주십시오"
움찔한 수사관들이 우리 등을 떠밀어 뒷좌석으로 밀어 넣었소.
차에 올라타자, 노 변호사는 연신 고개를 두리번거리며
들으라는 듯 내 귀에 대고 말했소.
"오 시인, 저기 건물들 앞에 **빽빽**이 자리한 차 좀 보세요.

저렇게들 많으니 공작하고 고문하고 조작도 하는 거 아니겠소?"

접견실 앞에 도착하자 그는 다시 소리쳤소.

"오늘 지시를 내린 사람 불러오세요. 사과 받기 전엔 접견하지 않겠소."

부서 책임자가 나타나자 노 변호사는

"당신이 책임자요? 당신들이 대체 무슨 권리로 우리에게 안대를 채운단 말이오?

당장 사과하세요!"

(이때 노무현 변호사의 표정은,

상을 삼킬 듯한 거대한 해일의 모습을 생각하면 될 일이요.)

결국, 책임자는 우리 앞에서 고개를 숙였소.

3.

한마디 덧붙이오

그때 동행했던 젊은 시인의 표정이 궁금하거든

가슴은 콩닥콩닥,

눈은 휘둥그레,

그렇다고 겁먹은 강아지의 표정은 곤란하고

뭔가 심기가 불편해 표독스러운 눈빛으로 함께 노려보는
암고양이의 앙칼진 표정 정도로는 그려주길 바라오

1992년 가을

자네 혹시 황천길 가봤능가? 나는 결혼식 날 황천 갈 뻔 했네그려. 운전면허 막 딴 정도상 소설가가 어디선가 차를 빌려와 김포공항까지 데려다준다며 타라 하는디, 은근히 겁나데잉. 초보니까 운전도 서툴고 길도 잘 모를 텐디 말여. 아니나 다를까, 고가도로를 잘못 타서 역주행을 해부렀어. 한참을 달려가는데 차들이 우리를 향해서 마구 날아와 불더라고. 도상이 형이 놀라서 갑자기 브레이크를 밟더니 운전대를 확 돌리더랑께. 차도 그 마음 알았는지 순간 팽이처럼 뱅그르르 돌더라고. 식겁한 순간이었제. 그때 내 심장이 진짜로 목구멍까지 튀어나올 뻔 했는디, 도상이 형도 한마디 하더라고. "야, 니 결혼식 날 황천 갈 뻔 했다야!" 후배 놈 결혼식장 가서 흑백사진도 멋들어지게 찍어주고 신혼여행 가는 길 운전까지 해주다가 졸지에 황천길에 오르게 생겼응께 얼마나 식겁했겠어. 그 순간 얼굴을 보니 퍼렇게 질려 있더라고. 나야 뭐 숨죽이고 있었제. 이쁜 아내랑 결혼식도 올리고 황천길까지 같이 가게 되었응께 죽는 거야 조금 섭섭하긴 하지만 도상이 형만큼 억울하기야 했겠어?

사전에 올림말 추가하기

내 개인 사전에 올림말 하나 추가한다
보고 듣는 순간 딱 오는 말
나를 단박에 흔드는 말
오늘 올린 말은 고사리 장마

고사리 장마 : 4월을 전후로 고사리의 키를 쑥 크게 하는 단비를 가리키는 말

먹을 것이 귀하던 시절,
고사리 방학*이 되면 아이들은 삼삼오오 모여
통통하게 물이 오른 채 동그랗게 말려 있는
고사리 어린 순의 발목을 사알짝 비틀어
똑 똑 꺾어오곤 하였는데

그것도 다
고사리 장마가 있어야 가능한 일

살다 보면

무릎을 탁 치게 되는 말을 만난다
얼마 전에 올린 말은 앉은뱅이 술
금강 자락에 놀러 갔다가 선술집에서 들은 말

술은 앉은뱅이 술이겄제?
그런 이름을 가진 술도 있어요?
여그선 소곡주를 다 그렇게들 불러유

그것은 소곡주가 달짝지근해서
홀짝홀짝 마시다 보면 어느새 취해
앉은뱅이처럼 못 일어나게 된다고 하여 붙인 이름

내가 붙인 앉은뱅이 술의 뜻풀이는
'소곡주의 다른 이름 따위'가 아닌
술이 달아서 앉은뱅이가 될 때까지 마시는 술

하, 기막힌 말 하나 얻었으니
술이 없어서는 안 될 일
슬리퍼 끌고 편의점으로 부리나케 달려간다

* 고사리 방학 : 먹을거리가 부족하던 시절, 제주도에서는 봄철 고사리를 꺾으러 갈 수 있도록 단기 방학을 실시하기도 함.

사투리 비빔밥

누나가 백일장에 나가 상을 타고 오자
아빠는 흥에 겨워 말했지요.
"아이, 좋아라. 아이, 좋아라."

전라도 출신 할머니는 옆에서,
"오메, 내 새끼!"
경상도 출신 할아버지는 옆에서,
"와, 이리 좋노."

나는 콩나물과 고사리, 고추장에
참기름을 넣고
쓱싹쓱싹 비벼 먹는 비빔밥을 좋아해서,

그리고 할아버지 할머니도
섭섭하지 않게
"오메, 와 이리 좋노."

내 사투리 비빔밥에
온 가족이
까르르 까르르 웃어대네요.

어른애와 늙은아이

우리 아파트 단지에
특별한 아저씨가 살아요

그 아저씨, 늘 웃고 다녀요
우리를 보고도 웃고
꽃을 보고도 웃고
자전거를 보고도 씩, 웃어요

그 아저씨, 엄마와 껌딱지처럼 붙어 다녀요
늙은 엄마가 조금만 떨어지려 해도
놀라서 얼른 엄마 손을 꼭 잡아요

몸은 어른인데
마음은 어린아이 같아요
이런 아저씨를 뭐라고 부르면 좋을까요?

우리 말에 애어른이나 애늙은이가 있는데
왜 어른애나 늙은아이는 없을까요?
그 아저씨, 어린아이처럼 착한 어른인데

사전 만드는 아저씨!
어른애와 늙은아이란 말을 사전에 올려 줘요
애처럼 맑은 어른,
아이처럼 늙은 사람들이 많아지면
이 세상이 얼마나 따뜻해질까요?

풀바다

풀밭이라는 말로는 부족하다
바람에 출렁거리는 초록 언덕 바다가 따로 없다
나 저 바다에서 태어났고, 뒹굴었고, 걷고 뛰었다
언젠가 저 일렁이는 풀바다로 다시 돌아가
내 고단한 몸을 눕혀야 한다
그때면 어디론가 둥둥 떠내려가
또 다른 生의 정거장에 다다를 것이다

달을 베어 문 늑대의 이야기

배고픈 늑대가
보름달을 살금살금 뒤따라가
훌쩍 뛰어오르더니
입을 크게 벌려 한 입 베어 먹었네

보름달은 깜짝 놀라
초승달이 되어
하늘 저편으로 달아났네

그날 이후
늑대는 매일 밤
보름달이 먹고 싶어
들판을 헤매고 다녔네

아우우

달빛을 쫓아 헤매는 늑대는
아득한 하늘 끝에서
오늘도 홀로 슬피 울고 있네

늑대가 울어

별을 보고
누군가를 그리워하는 것은
사람만이 아니다

달밤에
늑대가 우는 것은
별을 품고 살기 때문이다

아우우
아우우

늑대가 대신 울어
저 들판도
외로움과 그리움을 견디며
오늘 밤을 지새울 수 있는 것이다

시란

그림은
손이 불러내는 시
노래는
목이 토해내는 시
춤은
몸이 쓰는 시

그러나
시는 시가 아니어서
시가 된다

시는 그저
마음밭에서 절로 풀어지는 길이자
그 길 위로
어느 한 사람의 순정한 영혼이
스치듯 지나가며 일으킨
한 줄기 바람일 뿐

내 안에서
나도 모르게 절로 터져 나오는 것,

한숨 같은 거
눈물 같은 거
하소연 같은 거
그보다 더 오래된 침묵 같은 것

아궁이 앞에 앉아
자기도 모르게 읊조린
어느 촌부의 말 한 토막
굳은 손으로 눌러 쓴
노동자의 일기 같은 것

시를 쓰려고 생각하는 순간
시는 죽는다

내 것

사형이 집행되던 날, 서울구치소 복도엔 소지 하나 보이지 않고 적막이 감돌 뿐이었다

가슴에 붙은 붉은 번호가 나와 같아서 자꾸만 눈길이 가던 그는 사형수였다

바람난 마누라 몰래 따라갔드니만 두 연놈이 옷을 홀라당 벗고 엉겨 있는데 눈이 확 돌아가불드랑께요

처용은 외간 남자와 동침하는 아내를 보고 조용히 물러나 춤을 추며 노래를 지어 불렀다는데

아이 작것들이 바람핀 주제에 옷을 입다 말고 달라들드랑께요 나가 그려도 특수부대 중사였는디 말이여라우

몸싸움 벌이다 칼침 몇 방 놓아버렸더니 쭉 뻗어버립디다 죽어서도 나란히 곁에 자빠져 누워 있는디 더는 내 마누라가 아닙디다

어디 시상에 내 것이 있간디유? 원래도 내 것이 아니었제

만 마음까정 빼앗겼으니 더 말해 뭣하겠소

사형수가 되야서 깨달아분 것이 그것이제 세상에 내 것이란 없다는 거 내 몸조차 내 것이 아닌디 그 무엇이 내 것이겄냐 그 말이어라우

내 방 앞에서 목례를 하고 지나가던 그가 몇 발자국 걷다가 휘청, 제 목숨조차 자기 게 아닌 것 같다는 그가 가다가 자꾸만 무릎이 꺾이는 것이었다

개벽의 하늘

개벽의 하늘 보고 싶거든
너를 부수고 뒤집어라

길가에 나뒹구는 돌멩이 하나에도
하늘이 깃들어 있으니
함부로 걷어차지 마라

니가 키우는 화초
애지중지하는 강아지
정성껏 모셔라

이 세상 하늘 아닌 거 없으니
너는 오늘도 하늘을 입고
하늘을 먹고 있는 것

하늘을 입고 살았으니
하늘처럼 빛나고
싱싱한 하늘 먹으며 살았으니
살아 숨 쉬는 하늘로 거듭 태어나라

어디에나 있고 어디에도 없는
개벽의 하늘 보고 싶거든
너를 닦고 또 닦아라

회통

내 서재 구석엔
아레카야자가 덩그러니 놓여 있소
이십여 년 전 선물로 받은 것이라오
손바닥 한 뼘이나 될까 말까 하던 녀석이
벌써 허리만큼 자랐구려
이 녀석이 이렇게 장성하고 보니
여러 생각이 스쳐 가오
연구실 한편에서
이파리가 노랗게 변한 채 죽어가는 걸 보고
화들짝 놀라 집으로 데려온 일,
달력에 동그라미를 쳐가며
밥 챙겨주던 일,
하루에도 몇 번씩 창을 열어
시원한 바람 쐬주던 일,
그랬더니 놀랍게도
어느 날,
이 녀석이 내게
허리가 휘어지게
인사를 하는 게 아니겠소
"아, 그거 구라가 너무 심한 거 아니오?"

한마디 툭 내지르고 싶어도
잠시만 참으시구려
저 화초,
지금 귀 쫑긋 세우며 듣고 있으니

전선야곡(電線夜曲)

핸드폰이나 컴퓨터에도
보이지 않는 붉은 피가 흘러
세상은 끝없이 돈다

그 피는 우리를 연결하고
세상을 숨 쉬게 한다
우리는 같은 혈관 속에서
서로 다른 꿈을 꾸며
저마다의 길을 걷는다

그 끝이 어디이고
그 너머에 무엇이 있을지
아무도 모른다

다만 전선 위에 찍힌
자신의 발자국을 가만히 들여다보며
그 끝을 어렴풋이 짐작할 뿐이다

만약 피가 멈추고
그 속에 깃든 정령 또한 사라진다면

우리의 일상도
멈추고 말 것이다

그러니 오지에 가면
새 발의 피라도 아쉬워
핸드폰 치켜들고
높은 산으로 달려가 보는 것

갑자기 피가 돌지 않을 땐
일이 손에 잡히지 않아
이리저리 서성거리게 되는 것

찔러도 피 한 방울 안 나는
차가운 세상 속에서
우리는 오늘도
보이지 않는 온기를 주고받는다

나비와 우체국

창가에 놓인 편지들,
어디론가 떠나길 기다리는 나비들처럼
하얀 날개를 접고 잠들어 있다.

우체부 아저씨는
출근하자마자 바람을 일으키고,
날개를 흔들며 깨어난 나비들은
새로운 주소지를 향해 날아간다.

한낮의 햇살 속에 반짝이며
도시 뒷골목으로 날아가는 그들,
누군가의 손끝에 닿기까지
짧은 생애를 꿈꾸며 날갯짓한다.

우체국의 창가에선
매일 아침 새로운 나비들이 태어나고,
밤이 되면 저마다의 목적지에 닿아
하루를 마무리한다.

외로운 사람들은 오늘도

나비를 만들어 날리고
가슴이 허전한 사람들은
오늘도 오매불망
우체통 앞을 서성인다

나무가 된 시계탑

도시 한가운데,
고요한 공원의 시계탑은
시간을 측정하는 나무처럼 서 있다

분침과 시침은
바람에 흔들리는 나뭇잎처럼
천천히 시간의 결을 새긴다

아침 햇살이 비출 때
비둘기들은 시계탑 아래에서
분초를 다투듯
쉴 새 없이 바닥을 쪼고

노인들은
나이테를 더해 가는
느린 걸음으로 산책을 한다

해 질 녘이 되면,
시계탑의 그림자는 길어지고
노을빛은 나무의 수액처럼

주위를 물들인다

시계탑의 나뭇잎들은
밤바람에 흔들리며
하루의 끝을 노래하고

사람들은 집으로
조용히 발걸음을 옮긴다

도시의 소음이 가라앉는 밤,
시계탑은 별빛 아래서
고요히 시간을 품고
하루를 마무리한다

굴러온 돌이 박힌 돌을 빼는 이유

돌 하나가 반신욕 하듯
땅속에 몸을 절반쯤 묻은 채
눈알만 굴리며
좁은 하늘을 올려다본다

그때, 온갖 세상 풍파 다 겪은 돌 하나가
슬그머니 굴러와
박힌 돌에게 소리친다

"너 왜 내 자리에 박혀 있어?"

박힌 돌이 벌컥 화를 내며 일어선다
"그 무슨 개뼉다귀 같은 소리야!"

굴러온 돌이 그사이 도르르 몸을 굴려
박힌 돌 자리를 냉큼 차지한다

엉겁결에 자리를 빼앗긴 박힌 돌이
어안이 벙벙해 주위를 둘러보니
세상은 끝없이 펼쳐져 있고

구르는 돌들이 자리를 차지하려
여기저기서 싸움을 걸고 있다

그제야 박힌 돌은 깨닫는다
경주마처럼 좁은 시야에 갇혀선
세상을 결코 알 수 없다는 걸

이 넓은 세상에서 살아남으려면
끊임없이 구르고
부딪쳐야 한다는 걸

박힌 돌이 난생처음으로
세상의 풍파 속에 몸을 던진다

이사

꽃들이 엉덩이가 뜨거워서
이사를 하기로 했다

새들이 공기가 나빠서
이사를 하기로 했다

어디로 가느냐 물었다
꽃과 새가 말했다

너희들이 없는 곳으로 간다

제3부

세상을 뒤집어 보면

세상을 모래시계처럼
뒤집어 놓으면 어떻게 될까?

땅엔 구름이 둥둥 떠다니고
아름다운 별밭이 펼쳐지겠지.

하늘엔 바다가 흘러가고
흙먼지 날리는 대지가 펼쳐질 거야.

땅에서는 북두칠성이 헤엄치고
보름달이 공처럼 굴러다닐 거야.

하늘엔 채송화가 피고
거북이가 엉금엉금 하늘운동장을 기어다니겠지.

그렇게 되면
구름 속 별밭으로
뛰어내리는 사람들 참 많을 거야.

훔치다

강변을 거닐다가
예쁜 돌 하나 주워 주머니에 넣었는데
집으로 오는 길 내내 마음에 걸린다

일자무식인 우리 아버지는
동전 하나 주워도 내 것이 아니라며
한사코 우체통에 넣으셨는데
나는 지금 무엇을 훔친 것인지

한때는 강의 자식이었다가
물이 빠져 땅의 자식이 되었을
작은 흰 돌 하나

돌 속에 스며든 강물의 흔적을
바람이 애써 벗겨내고 있었는데
나는 그걸
그냥 가져가도 되는 것인지

돌이 강변을 벗어나는 건
우리가 고향을 잃는 일과

다를 바 없다는 걸
나는 왜 몰랐을까

내가 떠난 뒤에도
돌은 수만 년을 더 살아가야 하는데
강물이 문신처럼 새겨놓은 돌의 무늬를
나는 어쩌다 탐내었을까

수억 년을 살아온 땅 앞에서
나는 그저 스쳐 지나가는
바람 같은, 티끌 같은 존재일 뿐인데

엇

학교가 싫어 집 밖을 빙빙 돌다 짐 싸들고 나서는데
마당 한가운데 아버지가 서 있었다
"아부지 소원이다, 지발 고등학교만 졸업하그라"

상고머리 시절, 5·18이 일어나
트럭 운전사 태찬이가 계엄군을 뚫고 질주할 때
나도 따라 엉겁결에 총을 들고 나섰는데
울엄니 산발한 머리로 달려 나왔다
"이눔아, 니가 시방 죽을라고 환장을 했구나"

도시락 하나 달랑 들고 출퇴근하던 방위병 시절
밖에서 시위만 일어나면 퇴근을 안 시켜줘
상무대 담장 너머로 도망치곤 하였는데
다음 날 아침이면 어김없이 헌병이 불러 세웠다
"머리 박아!"

시집을 내고 남영동 대공분실에 끌려갔을 때
욕탕에 물을 받던 수사관이 따귀를 올려붙이며 말했다
"니가 책을 낸 출판사의 대표나 주간을 모른다는 게 말이 돼!
니가 표현한 '붉은 산'은 북한을 가리키는 게 맞잖아!"

나의 생은 엇의 연속
하지만 엇이 엇으로 끝나면 엇이 아니지
나 역시 누군가의 엇이 될 수도 있는 일
그러니 어쩌겠나, 나를 닦고 또 닦는 수밖에

고상할 권리

이 세상에 눈 아닌 게 있던가

화초 가꾸기가 취미인 아내 덕분에
나는 수백 개의 눈을 가지게 되었다
거기다 강아지 셋이
두 눈 동그랗게 뜨고 나를 바라보고 있으니
홀로 있을 때도 욕설을 내뱉거나
팬티 바람으로 거실을 어슬렁거리는 일 따윈
이제 더는 할 수 없게 되었다

창밖으로 눈을 돌리면
더 많은 눈이 나를 기다리고 있다
하늘에서 떨어지는 빗방울이며
멀리서 영험한 눈빛으로 내려다보는 황룡산,
땅의 기운을 강렬하게 뿜어내는 가로수,
길가의 작은 돌멩이조차 나를 쳐다보는 듯해
무심코 침을 내뱉는다거나
바쁘다는 이유로 무단횡단을 하는 일 따위는
이제 더는 할 수 없게 되었다

이 세상에 눈 아닌 게 없다지만
내가 애써 지운 그림자까지 나를 지켜보고 있을 줄이야
참으로 짠하게 느껴지는 사람,
그 사람이 나를 또 바라보고 있을 줄이야

5·18때 엉겁결에 총을 들었다가 계엄군이 밀려오자 총 슬그머니 내려놓고 도망치던 내가
단식 투쟁 중 후배 녀석이 옆구리에 찔러준 초콜릿을 남몰래 빨아먹던 내가
여자친구의 가슴을 매만지며 지나가던 술 취한 공수부대원을 보고도 그냥 못 본 척 고개 돌리고 말았던 내가
동료 문인이 해고된 자리에서 밥벌이를 이어가던 내가 시시때때로 고개를 쳐들고 있다

내가 버린 초라한 그림자들이 손가락질하고
봄바람 솔솔 불어대니 강아지들이 괜히 으르렁거리고
꽃잎 하르르 날리니 나는 또 책상에 엎드려 운다

이제 고상하다는 말이 좋아졌다
고상과는 거리가 먼 삶을 살아왔고

생각할수록 부끄러운 나날들이었기에
위선처럼 느껴지던 그 말,
그 수많은 눈이 나를 가르쳤다
죽기 전까지
결코 놓아선 안 될 것,
그게 바로
고상하게 살 권리라는 것을

밥 짓는 시간의 탐험가

책상 위엔 한 권의 지도가 있고
나는 고무지우개처럼 가만히 앉아
이제 막 떠나려는 중이다

이 기발한 세계에선
바람이 등을 떠민다
나는 종이배를 타고 사막을 가로지른다
지평선은 언제나 접힌 모서리처럼 날아가고
구름은 누군가를 찾아가는 택배차처럼 붕―

산들은 줄넘기하듯 움직이고
강물은 연어가 거슬러 올라가듯 파닥거리며
나는 매일 정오 즈음
이름 없는 대륙에 도착한다

"여보, 밥 먹을 시간 됐슈"

이 놀이는 언제쯤 끝나게 될까
어릴 적 뉘엿뉘엿 해가 질 땐
울엄니가 숨넘어가게 나를 부르더니
이순이 넘어서는 늙은 아내가 불러 댄다

스며든 시간

피렌체의 한 성당 앞
길 위의 화가 마르코가 붓을 드네
그의 손은 떨리지만 마음은 여전히
젊은 날의 열정으로 불타오르네

그의 캔버스엔 아르노강이 흐르고
폰테 베키오의 오래된 다리가 자리하네
그 다리 위 한 쌍의 연인을 조심스럽게 그려 넣다가
마르코가 오늘도 먼 하늘을 쳐다보네

젊은 날, 사랑했던 클라라와
이 다리에서 만나 꿈을 꾸었지
하지만 전쟁의 그림자가 드리워지고
사랑은 시간의 틈 사이로 스러지고 말았네

이제 홀로 남은 그는 그림을 통해
사랑의 기억을 되살려 내려 하고
그의 붓질 하나하나에는
잃어버린 시간들의 아픔과 그리움이 서려 있네

누군들 그러지 않을쏜가
내 원고지 위에도 늘 누군가의 영혼이 어른거렸네
내가 노래한 거리와 하늘 위에도
그녀의 그림자는 어려 있고
내가 노래한 역사와 현실 위에도
그녀의 숨결은 스며들어 있네

추억을 밟는다

외로울 때,
지나간 날들이 발밑에서 속삭인다
추억은 마음의 허기를 채우는
오래된 밥상
퍼내도 퍼내도 바닥이 드러나지 않아
죽는 날까지 떠먹는 밥이다

서러울 때면,
웃음을 건네주던 시간들을
마음속 뜰채로 건져 올린다
한때의 말과 눈빛들이
저녁별처럼 가슴 위에 박힌다

추억은 때로
뒤에서 등을 떠밀기도 하고
머뭇대는 내 발 앞에
조용히 물웅덩이처럼 고이기도 한다

어느 순간
아름다운 추억을 만지작거리다 보면

두려움이 일기도 한다
나도 누군가의 기억 속에서
그 어떤 웃음이거나 눈물이 될까 봐

추억은 내일로 가는 징검다리
오늘도 나는 너를 잊지 못해
지난날의 네 목소리와 눈빛을 밟고
하루를 퐁당퐁당 건너간다

일심

이야, 기똥차구나
시를 써서 밥 묵고 살았다니
시 한 편 한 편이 영화 같아서 읽고 또 읽었을 뿐인데
말이 재밌어서 쓰고 또 썼을 뿐인데

이야, 기똥차구나
운이 좋아 시인이라는 간판을 얻어 교수까지 되었다니
고등학교 시절 학교가 싫어 서울로 부산으로 가출이나 하고
삼류 대학이나 겨우 들어갔을 뿐인데

이야, 기똥차구나
시를 가르쳐 밥 묵고 살았다니
시를 가르친다는 건
봉이 김선달이 대동강 물을 팔아먹는 것과 다를 바가 없는데

이야, 기똥차구나
공으로 얻은 이쁜 아내 도망치지도 않고 여태 곁에 있다니

길가에 버려진 살림살이를 줍고
월세방이나 전전하며 근근히 살았을 뿐인데

이야, 기똥차구나 내 인생
심장박동기를 달고 AI 로봇처럼 배터리로 연명하면서도
아들딸 낳고 잘만 살고 있으니

남은 인생, 덤이라 여기니 내 인생 참으로 놀랍구나
걷다가도 실실 웃음이 새어 나오고
꿈속에서도 룰루랄라 춤을 추는구나

좋아라
아이 좋아라

효자 임영웅

여든이 된 장모님에게 새 아들이 생겼다

"우리 아들 목소리 좀 들어야제"
오늘도 눈 뜨자마자 티브이를 켠다
앉아서 보고
누워서 보고
밥 먹다 보고
설거지하다가도 고개 돌려 본다
녹화된 영상 보고 또 보고 감탄한다

마을 할매들 놀러와 한마디씩 보탠다
"쟤가 천재래야"
"어이구, 무슨 천재래야?"
"몰러, 테레비서 그러는데 내가 어찌 알간디"

"불쌍혀, 불쌍혀 외삼촌 집 살면서
유치원 갈 때 울고 올 때도 울었디야"

불과 얼마 전만 해도 자식들 오기만을 손꼽아 기다리더니
이제 자식들이 와도 임영웅 이야기만 꺼내는 장모님

"효자도 그런 효자가 없디야"

무거운 짐 다 내려놓고 아이처럼
좋아라
아이 좋아라
엉덩이를 들썩거리는 장모님을 보고 한마디
"어머니, 영웅이가 좋아요? 사우가 좋아요?"

"영웅이 공연 티켓 끊어주면 사우가 좋제
사우도 효자 소리 들을려믄 돈 주지 말고
임영웅 콘서트 표나 사오랑께"

집에는 온통 임영웅 사진뿐
가족사진도 구석으로 밀려난 지 오래지만
찬밥 신세여도 좋아라
장모님에게 나 대신 효자 노릇을 하는 아들이 생겼거늘

나도 이제 트로트가 좋아졌다

말은 이제 내 안을 걷는다

말의 등에 올라탄 지 오래다
피부가 문드러져도, 눈에 모래가 들어가도
나는 달렸다

질주를 멈추는 순간 낙오자가 된다
낙오자는 고독한 섬이 되어
누군가의 먹잇감으로 사라진다
그게 바로 세렝게티의 법칙,
이 세상의 비정한 진실이다

나는 사라지지 않으려
앞만 보고 달렸다
말 등에서 내려와야 하는데
발길이 도무지 떨어지지 않는다
달릴 이유는 사라졌고
남은 건 달리던 습관뿐이다

어디서부터 잘못된 걸까
영혼을 잃고 무모하게 달린 탓이다
성난 호랑이의 등에 올라탄 것처럼

뒤돌아보는 법을 잊은 탓이다

이제 질주는 끝났다
나는 내 안에서 말을 걷게 해야 한다
마음 깊숙한 들판에서
말이 조용히 풀을 뜯고
숨을 고를 수 있도록

꽃의 죽음

살다가
마지막으로 배워야 할 것은
죽음이다

화단 끝자락,
떨어진 꽃잎 하나가
스스로 빛을 거두고 있다

숨을 놓는 순간
보이지 않는 공중에
미끄럼틀 하나가
그 꽃 아래로 내려온다

바람에 흩날리는 꽃잎들은
보이지 않는 배 한 척에 올라
저마다의 영혼을 싣고
어디론가 떠난다

그 배가
어디에 가 닿을지는

아무도 모른다

살다가
마지막으로 놓아야 할 것은
죽음에 대한 공포다

새의 마음

"바쁘다, 바빠!"

새 한 마리
산을 지고 간다

단풍의 시작을
사람들에게 보여줘야 하므로
숨 가쁘게 날갯짓한다

갈매기 한 마리
바다를 떠메고 간다

만선의 순간을
사람들에게 보여줘야 하므로
파도 위를 바삐 날아간다

세상에서 가장 아늑한 집

알에서 막 깨어난
작은 새끼들
눈도 채 뜨지 못한 채
비를 맞는다
이게 뭐지,
한참을 흐느적거리다가
오들오들 떤다
이를 멀리서 지켜보던
어미 새 한 마리
조용히 다가와
커다란 날개를 펼친다
세상에서 가장 아늑한 집
비바람 막아주는 그 날개 속에서
새끼들은 비로소 잠이 든다
비는 쉬지 않고 내리고
숲속의 모든 것이
축축이 젖어 들지만
새끼들은
어미의 따뜻한 품속에서
하늘로 날아오르는
꿈을 꾼다

우리가 사는 세상

 장이 서는 날이면 곧잘 싸움이 일어났지
 장돌뱅이들 몰려와 서로 좋은 자리 차지하려고 으르렁거리고
 남이 장사 잘되면 배 아파서 또 싸웠지

 모든 싸움 뒤엔 꼭 그 녀석이 있었지 녀석이 뒤 봐주는 사람들은 장터를 궁궐처럼 드나들며 고함을 질러댔지 간혹 욱하는 장돌뱅이들이 옷소매 걷고 주먹다짐하려다가도 그 뒤가 무서워 금세 꼬랑지 내렸지

 오늘은 먹자골목서 앙숙 이 씨와 장 씨가 또 붙었지 아니 붙었다기보다, 이 씨가 그 녀석의 빽을 믿고 시비를 건 거지 이 씨에 대한 상인들의 원성이 자자할 땐 그 녀석도 잠시 "그만들 혀~"하고 말리는 척하지만, 그럴수록 이 씨는 막무가내로 핏대를 올리지

 하지만 시장엔 그 녀석만 있는 건 아니지
 그 녀석의 자리를 호시탐탐 노리는 수산물 코너 황 씨가
 이웃집 박 씨 자리 빼앗으려고 행패를 부렸지

그 녀석도 유도 선수였던 황 씨만은 슬슬 피하고 있지 그
저 뒤에서 회칼이나 선물하며 생선 가게 박 씨를 슬슬 부추
기고 있을 뿐이지 황 씨는 보란 듯이 한겨울에도 자신의 가
게 바닥에서 웃통 벗어젖히고 냉수로 등목을 하지 "어따 시
원해 부네!"를 연발하며 근육질 몸매 과시하지

　사람들은 언젠가 장터에 피비린내가 진동할 거라 수군
거렸지 장터는 사각의 링과 같아서 이권이 존재하는 한 싸
움질이 끝나지 않을 거라고도 말했지 허나 그 녀석이 암 덩
어리란 소린 아무도 못 했지 낮말은 새가 듣고 밤말은 쥐가
들어서였지

　우리 같은 조무래기들이야 뭐,
　굿이나 보고
　떡이나 한 점 얻어먹으면 그만이었지

비애증 飛愛症*

첫사랑 그녀가
내 눈 속에
둥지를 틀었다

지우려 하면 할수록
더 많은 조각으로 떠다니고
잊으려 하면 할수록
더 짙은 그림자로 날아다닌다

결혼을 하고
아이가 생겨도
눈앞에 어른거리는 건
어느덧 그녀가
나의 일부가 되었다는 것

그래, 좋다
사랑아
날아라

다음 세상까지
함께 가자꾸나

* 비애증飛愛症 : '비문증'이라는 말에 착안하여 새로이 만든 말. 잊을 수 없는 사람이 눈앞에 어른거리는 증상을 말함.

그림자를 대하는 여섯 가지 방식

벽에 붙은 거미처럼
움직이지 않는 그림자 속에서
잃어버린 자아를 찾는 이가 있다

지나간 일이 주마등처럼 스칠 때
그림자를 바라보다
괜스레 눈시울을 적시는 이도 있고

태양이 머리 위에 솟아
몽당연필처럼 작아진 그림자를 보며
그만 사라지라고 소리치고 싶은 이도 있다

손을 뻗어도 닿지 않는 곳에서
혼자 빛나는 그림자를 보며
살며시 껴안고 싶은 충동을 느끼는 이도 있고

노을 지는 하늘 아래
길고 짙어진 그림자 속에
부끄러운 하루를 조용히 묻는 이도 있으며

그리고

어둠이 세상을 덮을 때
제 그림자에서 가만히 빠져나와
타인을 보듯
자신을 물끄러미 바라보는 이도 있다

네가 좋아서

다시 태어난다면,
너에게만 쓸 수 있는
연필이 되고 싶어

연필을 돌려 깎을 때부터
너만을 그리워하다가,
연필심이 얼굴을 내밀면
너를 향해서만 달리다가

몽당연필이 될 때까지
미주알고주알
너에게만 내 속을 다 보여 주며
편지를 쓰다가

더는 쓸모가 없어지면,
다시 나무가 되어
네 손길 아래에서
다시금 태어나기를 바라며,

죽고 싶어

보고 싶다

누가 써 놓았는지
세상은 온통
글씨들로 가득하다

하늘에
먹구름이 흘려 놓은 글씨
바다에
파도가 새겨 놓은 글씨

모래사장에
아이들이 장난처럼
그려 놓은 글씨

그런데
누가 벌써 읽었는지
다음 날 보면
글씨는 사라지고 없다

지나가는 바람이 지웠는지
밀려오는 파도가 지웠는지

하지만
죽어도 지울 수 없는 건
가슴속에 품고 사는 글씨

오늘도
그리움에 젖어
마음속에 문신처럼
새겨 넣는 글씨 하나

네가
보고 싶다,

해 설

자아를 찾는 길과 나아갈 길

송기한(대전대 국문과 교수)

1. 심아기(尋我記)로서의 글쓰기

오봉옥은 예전의 정의대로라면 386세대이고, 지금의 시점으로 보면 686세대이다. 나이가 60이고, 80년대 학번, 그리고 1960년대 출생한 사람들을 통칭해서 이렇게 부른 것이다. 이들 세대를 두고 이렇게 규정짓는 것에는 분명한 이유가 있다. 무엇보다 이들이 군부 통치의 희생자라는 것과, 이 폭압의 정치에 대해 거칠게 저항한 세대라는 점이다.

이런 시대적 의무는 시인 오봉옥에게도 예외적인 것이 아니었다. 그는 1980년대 저항 문인들의 산실이었던『창작과비평』을 통해서 등단했거니와 이를 토대로 이 시대 정신을 대변하는 작품들을 많이 썼기 때문이다. 그 가운데 하나가 자신의 고향 근처에서 벌어진, 1946년 미군에 의해 저질러진 화순 탄광 학살 사건과, 이를 계기로 입산하여 빨치산이 되었던 사람들의 삶을 다룬 『지리산 갈대꽃』(1988)이다. 그리고 그 일 년 뒤에는 이곳 탄광 노동자들의 저항을 담은 『붉은산 검은피』를 상재하기도 했다.

 이후 그는 대학원에 진학하여 학자의 길로 들어서면서 '김수영의 시'라든가 '시조' 등을 연구하기도 했고, 동화적 상상력에 바탕을 둔 『서울에 온 어린 왕자』(1994)를 쓰기도 했다. 이뿐만 아니라 근래에는 시대의 아이콘으로 자리한 웹툰 등에 관심을 두면서 이에 기반을 둔 『달리지 馬』(2024)를 펴내기도 했다. 특히 후자는 웹툰과 시의 만남이라는, 포스트 모던적 의장을 도입함으로써 오봉옥은 시의 내용이나 형식적인 측면에서 영락없는 다원주의자의 면모를 보여주게 된다.

 이런 여러 시정신을 거친 다음 이번에 시집 『나비 도둑』을 상재하는 데 이르게 되었다. 제목의 한쪽에 "등단 40주년 기념 오봉옥의 신작 시집"이라는 레테르가 붙어 있는 것으로 보아 이 시집은 시인이 써 온 서정시의 역사에서 기념비적 작품집인 것처럼 보인다.

 첫 시집이었던 『지리산 갈대꽃』 이후 오봉옥 시인의 시적 특성은 쉽게, 그리고 편하게 읽힌다는 점이다. 하기사 대중으로 가급적 한 걸음 더 들어가야 하는 것이 민중시의 특성인 까닭에 기교라든가 언어유희와 같은, 시를 난해하게 만드는 기법들은 가급적 피해야 했을 것이다. 이런 시적 의장은 이번 시집에서도 예외가 아니다. 그가 말하고자 하는 의

도와 전달의 메시지들이 초기 시집 못지않게 분명한 음성으로 읽는 독자에게 다가오기 때문이다.

『나비 도둑』은 『지리산 갈대꽃』 이후 약 40여 년이라는 시간적 간극에도 불구하고 시정신을 만들어내는 서정의 샘들이 어느 정도 연결되고 있는 것처럼 보인다. 그 샘이란 다름 아닌 '타자에 대한 관심과 사랑의 정서'이다. 초기에 타자를 위한 삶이 시인으로 하여금 민중성이라는 거대한 서사를 만들게 했는데, 이런 감각은 『나비 도둑』에 이르러서도 전혀 바꾸지 않고 있는 것이다. 그만큼 시인은 40여 년이란 오랜 세월에 이르러서도 타자에 대한 관심과 사랑, 이해는 크나큰 심연이 되어 시정신의 내부에 면면히 흐르고 있었던 것이다.

물론 그렇게 도도히 흘러가는 흐름이 과거와 현재를 경과하면서 동일한 겹으로 오버랩되는 것은 아니다. 시정신이란 결코 고정된 것이 아니거니와 이런 유동성이야말로 시인의 정서 형성과 그 전개에 있어 늘상 바뀌는 것이기 때문이다. 초기에 보여주었던 시인의 민중성은 민중들의 응집된 힘과 그에 대한 예찬의 정서가 주를 이루었고, 자신의 정서 또한 그 아우라 속에 갇혀 있는 형국이었다. 말하자면 이때의 민중성은 곧 타자의 것이면서 자아의 것이기도 했던 것이다. 그러한 민중성들이 모여서 불온한 세력들과 대결하는 힘으로 구현된 것, 그것이 초기 오봉옥 시인이 펼쳐 보였던 민중성의 요체였다.

하지만 『나비 도둑』에서의 민중성에서는 그 결합의 정도가 과거의 그것과 동일한 것이라고는 할 수 없을 것이다. 민중성은 존재하되 자아를 포회하던 거대 민중성은 사라지고 없을뿐더러 그 당연한 수순대로 불온한 세력과의 대결 의식 또한 사상된 상태이다. 이는 거대 권력의 상실과 분리하기 어려운 것이거니와 그만큼 세상의 불온한 권력은 더 이상 유효한 담론이 되지 못하고 있는 것이다. 유적 연대성을 만들어내기 어려운 소소한 민중성만 남은 것인데, 여기서 시적 자아가 할 수 있는 것은 그러한 민중성에 대한 짝사랑 정도일 것이다. 이는 과거의 민중성을 복원하겠다는 것이 아니라 그 혼자만의 민중성을 향한 거룩한 순례 혹은 드러냄이라고 하는 편이 옳을 것이다.

민중성은 타자에 대한 배려라든가 사랑 없이는 불가능하다. 비록 여러 자의식이 대오를 갖추고 하나의 공통된 대상을 향해 저항하던 거대한 지축은 사라졌을지라도 시인은 그 애틋한 정서나마 소박하게 계속 간직해나가고 싶었던 것이다. 하지만 의지가 있다고 해서 이런 자의식적인 결단이 쉽게 그리고 곧바로 이루어지는 것은 아니다. 여러 무리와 집단으로부터 떨어져나온 단독자가 곧바로 자신의 나아갈 길을 발견하고 나아가는 것은 결코 쉬운 일이 아니기 때문이다.

물의 도시 베네치아에 가서
배를 타지 않고 떠날 수는 없는 일.
우리는 용 무늬가 새겨진 곤돌라에 오른다.

용맹한 전사 테오도르가 뱃머리에 우뚝 서서 길을 연다.
출렁이는 물결 따라 테오도르의 몸이 활처럼 휜다.
깜짝 놀라 위험하지 않으냐고 물었더니
당신들 살아온 인생보다야 더 흔들리겠냐며 빙긋이 웃
는다.

나는 생각한다.
수배자 신세로 전국을 떠돌고,
시를 써서 감옥에도 갔던 나의 삶—
곤돌라와 다를 게 없다.

베네치아의 물길을 따라
곤돌라가 천천히, 아주 천천히 미끄러진다.
모든 것이 물에 비친 듯
이 도시의 시간은 느리게 흐른다.

빠르기만 했던 일상에서 잠시 빠져나와
숨을 고르고,
고요한 물 위를 유영하며
내 삶의 방향을 가늠해 본다.

나는 지금
어디로 가고 있는가.

―「곤돌라 인생-西方尋我記 6」 전문

지금 시적 자아는 서방, 구체적으로는 이태리 여행 중에 있다. 시인은 아마도 이 여행에 여러 가지 존재론적 의미를 부여하고 싶었던 것처럼 보인다. 여행이란 단순한 유희가 아니라 해방이며, 경우에 따라서는 새로운 지대로 향하는 인식적 전환이라는 점에서 볼 때, 시인의 이런 사유는 자신의 의식 형성에 있어 매우 의미 있었던 것으로 보인다. 시인도 이 점을 굳이 부정하지 않는다. 부제를 자신만의 독특한 조어(造語)로 '尋我記', 곧 나를 찾는 기록이라고 말하고 있기 때문이다. 다시 말해 서방의 여행을 통해서 나를 찾고자 한 것인데, 그것이 「西方尋我記」의 연작시가 갖고 있는 의의일 것이다.

지금 서정적 자아가 타고 있는 곤돌라는 두 가지 방향성을 갖고 있다. 하나는 목표가 분명한 방향 감각이고, 다른 하나는 그렇지 않은 감각이다. 전자는 "용맹한 전사 테오도로가 뱃머리에 우뚝 서서 길을 여"는 곤돌라의 방향이고, 후자는 "지금/ 어디로 가고 있는지" 잘 모르는 시적 자아의 방향이다.

나아갈 방향을 모른다는 것은 목표 의식의 부재와 분리하기 어렵다. 하지만 여기서 드러난 바와 같이 시인의 삶이 언제나 혼돈 속에 있었던 것은 아니다. 과거 한때, "수배자 신세로 전국을 떠돌고,/ 시를 써서 감옥에도 갔던 나의 삶"도 있었기 때문이다. 민중성을 등에 진 거대한 흐름이나 연대 의식에 자아가 함께 할 때에는 '용맹한 전사 테오도로'가 저어가는 곤돌라와 같은 것이지 않았을까. 하지만 지금 시인에게 남아 있는 것은 과거의 그러한 연대성이랄까 민중성은 사라진 지 오래이다. 중심이었던, 아니 중심이고자 했던 회오리의 무대에서 튕겨져 나왔을 때, 그가 나아갈 수 있었던 곳이란 전혀 알 수가 없는 지대였다. 그 의문의 덫이 만들어놓은 것이 "나는 지금/ 어디로 가고 있는가"라는 자문의 형태로 나타난 것이 아닌가. 실상 현존에 대한 피난처로서 "불쌍한 올엄니에게나 가야 하나"(「판테온 신전-西方尋我記1」)라고 묻는 것 또한 이 감각과 분리하기 어려운 것이다.

2. 내성이라는 윤리

서정적 자아가 도달할 분명한 목표가 있을 때, 자아는 그곳을 향해 전진하면 그만이었다. 다른 사유나 샛길이란 전혀 필요하지 않은 것인데, 시인의 초기 시들이 힘찬 남성성에 기대어 자신만만한 목소리로 울려퍼져 나간 것은 이 때문이었다. 하지만 지금은 싸워야 할 목표도 이루어 나가야 할 목적도 분명하지 않은 현실이 되었다. 그렇다고 시인의 현존을 둘러싼 환경이 유토피아라는 구경적 지점에 놓인 것도 아니었다. 우리가 사는 세상은 여전히 서로의 이득을 위해서 "좋은 자리를 차지하기 위해 으르렁거리고"(「우리가 사는 세상」) 있기 때문이다.

지금 자아 주변에서 벌어지고 있는 갈등은 거대 권력의 횡포에 의해서 저질러지는 것이 아니다. 한때 우리를 유폐적 감옥의 상황으로 몰아왔던 거대 서사의 시대는 지나갔다. 지금의 것들은 인간이라면 누구나 갖고 있는, 아니 가질 수밖에 없는 근원적 욕망에 의해 빚어지는 갈등이다. 여기서 서정적 자아의 사유가 새롭게 자라나는 인식성이 놓이게 된다.

> 말의 등에 올라탄 지 오래다
> 피부가 문드러져도, 눈에 모래가 들어가도
> 나는 달렸다
>
> 질주를 멈추는 순간 낙오자가 된다
> 낙오자는 고독한 섬이 되어
> 누군가의 먹잇감으로 사라진다
> 그게 바로 세렝게티의 법칙,
> 이 세상의 비정한 진실이다
>
> 나는 사라지지 않으려
> 앞만 보고 달렸다
> 말 등에서 내려와야 하는데
> 발길이 도무지 떨어지지 않는다
> 달릴 이유는 사라졌고
> 남은 건 달리던 습관뿐이다

어디서부터 잘못된 걸까
영혼을 잃고 무모하게 달린 탓이다
성난 호랑이의 등에 올라탄 것처럼
뒤돌아보는 법을 잊은 탓이다

이제 질주는 끝났다
나는 내 안에서 말을 걷게 해야 한다
마음 깊숙한 들판에서
말이 조용히 풀을 뜯고
숨을 고를 수 있도록
—「말은 이제 내 안을 걷는다」 전문

말은 흔히 앞으로만 나가는 존재로 알려져 있다. 특히 채찍에 담긴 인간의 욕망이 엉덩이에 묻게 되면, 말은 더더욱 뒤를 돌아보지 않고 앞으로만 달려 나간다. 그렇다면, 무엇이 시인으로 하여금 말을 추동하는 채찍이 되게 한 것일까. 여기에는 적어도 두 가지 감각이 내재해 있었던 것으로 보인다. 하나는 대외적인 것이고, 다른 하나는 내재적인 요건이다.

『지리산 갈대꽃』 등의 시편에서 알 수 있는 것처럼, 초기 민중에 대한 시인의 사랑은 일방적인 것이었다. 그들의 처지와 아픔에 공감하면서 그는 그들의 심연 속으로 깊이 들어갔다. 아니 그저 자연스럽게 흘러가는 피동성이 아니라 적극적인 능동성을 갖고 앞으로 육박해 들어간 것이다. 그런데 거대 서사가 무너지면서 시인의 능동적 포오즈는 심한 손상을 입게 된다. 그러한 상처가 그로 하여금 앞으로만 전진하게 했던 발걸음을 멈칫거리게 만들었다.

그리고 다른 하나는 내적인 요건에서 그 채찍의 근거가 찾아진다는 사실이다. 작품을 읽어보면 알 수 있는 것처럼, 그 근저에 놓인 것이 "세렝게티의 법칙,/ 이 세상의 비정한 진실"이다. 말하자면 지금의 현존을 지배하는 양육강식의 논리이다. 서정적 자아는 이 현장에서 살아남기 위해 그저 "앞으로만 달려나갔다". 경쟁자를 이겨야만 최후의 승자로 대접받는 현실에 적응하기 위해서이다. 이런 저돌성 앞에 어떤 멈춤이나 과거로 회귀하는 힘들이 자아 내부로 틈입해 들어올 여지는 없었을 것이다. 시인의 표현대로 "영혼을 잃고 무모하게 달린 탓"이며, "성난 호랑이의 등에 올라탄 것처럼/ 뒤돌아보는 법을 잊은 탓"이다.

『나비 도둑』에는 지금껏 펼쳐 보인 자아의 거침없는 질주, 저돌성에 대한 참회의 정서가 담겨 있다. 시인이 이 시집의 부제로 '등단 40주년 기념'이라고 한 것은 이와 밀접한 관련이 있었던 것은 아닐까. 시인은 지금의 현존에서 과거와 다른 무엇인가를 알리고 싶었던 것이고, 그의 시들이 새로운 인식성에 기초하고 있음을 드러내고자 했던 것은 아닐까.

질주를 멈추고 "말이 조용히 풀을 뜯고/ 숨을 고를 수 있도록" 한다는 것은 저 멀리 미래에 그의 시선이 놓여진 상태로는 불가능하다. 그러한 까닭에 그의 눈꺼풀은 그 원근법적 전망을 갖지 못하도록 그의 눈동자를 덮기 시작했다. 말하자면 그의 시선이 닿아있는 것은 미래가 아니라 현재이며, 눈 위가 아니라 눈 아랫부분이다. 거기서 시인은 자신의 현존을 발견하고, 그것이 어떤 형상을 취해야 하며, 이를 토대로 무엇을 해야 하는 것인지를 모색하기에 이른다.

> 정년을 앞두고 찾은 로마에서
> 수천 년 유적보다 눈길을 끈 건
> 거리마다 빼곡히 선 경차들이었다.
>
> 성냥갑처럼 작다고 무시했던
> 그 작은 차들이 도로 위를 씽씽 달리며
> 이 도시의 심장처럼 펄떡거리는데
> 이 나라가 새삼 달리 보였다.
>
> 차 바꿀 때 체면도 있으니
> 중형차나 한 대 뽑을까 한 나 자신이
> 문득 부끄러워지는 순간이었다.
> ―「경차의 나라-西方尋我記 7」 전문

자신의 현존이 무엇이고, 나아갈 방향이 어디인지에 대해 고민하는 자아의 노력은 여행을 통해서 계속 이루어진다. 인용시도 그 하나인데, 비록 소품에 가까운 소박한 시이긴 하지만, 이 작품의 내포는 결코 만만한 것이 아니다. 특히 연작시 「西方尋我記」의 맥락에서 보면 더욱 그러한데, 여기에는 시를 쓰는 시인의 자세도 있고(「어용 작가의 사진 한 장-西方尋我記 7」), 자연을 경외하는 생태시적인 특성을 드러내 보인 시도 있다(「플라타너스 천국-西方尋我記 9」). 모두 인간의 욕망에 대해 경계하고 있는 시들 뿐이기 때문이다.

이런 정서는 「경차의 나라」도 마찬가지의 경우이다. 현대 사회에서 자동차란 생활필수품이면서 다른 한편으로는 인간의 욕망을 상징한다고 알려져 있다. 하지만 우리 사회의 경우 전자보다는 후자의 경우가 더 정합적으로 받아들여지는 것이 일반적 현실이다. 시인이 응시하는 것도 이 부분이다. 그 또한 욕망하는 기계의 노예로부터 자유롭지 않은 자아를 발견하고 있는 것이다.

무조건 달려 나가는 말에서 내려 시인은 이제 걸어가려 한다. 아니 경우에 따라서는 앞으로가 아니라 현재에 머물거나 오히려 과거의 뒤안길로 되돌아가려고도 한다. 그리하여 시인은 거기서 생을 반추하고, 참과 거짓을 구분하고자 하며, 무엇이 궁극의 진리였던가를 모색하고자 한다. 그 자리에서 시인은 보편 다수의 응집된 문제점보다는 자기에만 내재된 문제점이 무엇인지를 알고자 한다. 이제 그의 시들은 거대 서사보다는 작은 서사에 서정의 밀도를 응축시키려 드는 것이다.

3. 자아 너머의 자연이라는 서사

『나비 도둑』은 내성이라는 측면에 보다 깊은 관심을 두고 서정의 밀도를 축적시켜나가는 시집이다. 이제 시인의 시들에서 민중들의 거대한 음성, 숭고한 주제를 더 이상 듣거나 보는 것은 어려운 일이다. 이는 지금 이곳이 더 이상 저 암울했던 1980년대가 아니거니와 거대 권력에 의해 대규모의 민중성이 훼손되는 현장도 아닌 것과 밀접한 관련이 있다. 이런 거대 서사가 무너진 자리에서 시인은 이제 새로운 서정의 물결을 흘려보내려 한다. 그것이 자아 주변의 것들, 곧 내성이나 윤리와 같은 문제들이었다. 실상 시인의 이번 시집에서 이런 감각은 아마도 가장 전략적인 주제 의식 가운데 하나일 것이다. 이런 일련의 시편들이 한때 거대 서사에 서정의 힘을 응결시켰던 시인의 정서일까라고 의심이 들 정도로 파격적인 것이 사실이다.

문학은 사회적 상동성을 갖고 있다. 사회의 필연적 욕구가 문학을, 시를 생산해 낸다. 그것은 사회적 흐름에 예민한 시인들도 그러하지만, 그렇지 않은 경우에도 대부분 이 제약에서 벗어나지 못한다. 문학의 자율성을 아무리 강조해봤자 그 의장 역시 사회의 구속력으로부터 벗어나는 것이 아니기 때문이다.

소소한 일상에 대해 깊은 이해를 펼쳐 보인 시인이 이번 시집에서 가장 관심을 표명한 것이 내성과 같은 윤리 의식이라고 했거니와 이와 비례된 감각은 곧 자연과의 상관관

계에서 나타난다. 어쩌면 내성을 문제 삼을 때 그 상대적인 자리에서 부각될 수밖에 없는 것이 자연이라는 점에서 보면, 이런 조응 관계는 지극히 당연한 것이라 할 수 있다.

스위스의 한적한 농촌 마을을 걷는데
초저녁인데도 가로등이 모두 꺼져 있어
앞이 도통 보이질 않았다.

"여기선 왜 가로등을 켜지 않나요?"
"가로등을 켜두면
나무나 풀들이 쉴 수가 없어서
스트레스를 받게 되거든요.
밤새 불을 켜두면, 당신은 잠이 오겠어요?"

그 말을 듣는 순간
낯이 화끈 달아올랐다.
나는 왜 한 번도
그런 생각을 하지 못하고 살아왔을까.

그동안 나는
얼마나 자연을 배려하며 살아왔을까.

누군가는
풀잎 하나에도 한울이 깃들어 있으니

모시는 마음으로 살아야 한다고 말하는데

나는 왜 나만을 생각하며
한사코 밤길을 걷고자 하였는지.
나는 그동안 얼마나 많은
풀잎들의 밤을 깨워왔을 것인지.
—「가로등을 끄는 이유-西方尋我記 5」 전문

  이 작품에 이르게 되면, 오봉옥 시인은 영락없는 생태주의자, 혹은 모더니스트이다. 그것은 인간의 생존 환경을 다루고 있다는 점에서 그러한데, 자연에 대한 기술적 지배는 근대 이후 가장 심각한 생태론적 위기였다. 그 한 켠을 차지하고 있었던 것이 무한히 확장하는 인간의 욕망이었다.
  중세 이후 신이 사라진 시대, 곧 과학 문명이 자리하면서부터 인간의 욕망은 더욱 강렬해지기 시작했다고 알려져 있다. 그냥 자연스럽게 생겨나서 생태 공간의 한 축을 차지한 것이 아니라 중심으로 자리 잡게 된 것이다. 이런 흐름은 시적 자아에게도 예외가 아니었다. 그는 거기서 자신의 자리를 굳건히 지켜왔거니와 타자들의 조건이나 위상에 대해서는 거의 고민한 적이 없다. 자신만을 위해서 주변의 환경들은 존재한다고 믿었기 때문이다. 하지만 서방의 여행을 통해서 그의 사유들은 새로운 단계를 맞이하게 된다. 나 이외의 타자가 존재하고 있다는 것, 그리고 그 타자란 자아 못지않게 중요한 것이라는 사실을 발견하게 된 것이다.

이제 시인의 시선에는 다수화된 타자들이 보이는 것이 아니라 소수의 타자만이 보인다. 그 소수의 타자란 어떤 연대감으로 뭉쳐진 강고한 대오가 아니라 무리로부터 떨어져 나온 작은 개체 내지는 사물이다. 그 물상들은 떨어져 있거나 분리되어 있기에 힘이 있는 것이 아니기에 애처로운 정서를 자아내게 된다. 그리고 그들은 경우에 따라서는 인간에 의해 희생된 대상들이기도 하다. 인용시의 '가로등'에 의해 밀려난 '풀'의 경우가 바로 그러하다. 그의 시들은 이제 인간과 인간의 대립보다는 인간과 인간 이외의 것들의 대결로 모아지게 된다.

> 꽃들이 엉덩이가 뜨거워서
> 이사를 하기로 했다
>
> 새들이 공기가 나빠서
> 이사를 하기로 했다
>
> 어디로 가느냐 물었다
> 꽃과 새가 말했다
>
> 너희들이 없는 곳으로 간다
>
> ―「이사」 전문

이 작품의 소재는 '꽃'과 '새'이다. 지금 이들은 보다 나은 환경을 찾아서 이사를 하려 한다. 그 주변 환경을 점유하고 있던 인간들은 이들의 이사 이유가 궁금해진다. 그래서 "어디로 가느냐"고 물었는데, 의외의 대답이 돌아왔다. "너희들이 없는 곳으로 간다"고 했기 때문이다. 이는 자연과 인간의 공존이 어렵다는 말을 해주고 있거니와 소월의 「산유화」가 연상되는 대목이기도 하다. 인간이란 영원을 잃은 주체, 그리하여 자연과 영원히 합일될 수 없는 존재임을 소월은 「산유화」에서 '저만치'라는 담론으로 표현한 바 있는데, 오봉옥 시인은 그러한 감각을 "너희들이 없는 곳"이라고 단정적으로 말하고 있다. 이런 무매개성, 혹은 직접성이야말로 자연이 인간에게 주는 경고일 것이다.

이 작품에서 "엉덩이가 뜨겁다"거나 "공기가 나빠서"가 주는 함의는 인간의 욕망과 불가분하게 결합되어 있는 것들이다. 거침없이 팽창하는 인간의 욕망이 만들어낸 부정적인 결과가 생태론적 위기를 불러왔다. 따라서 현재의 생태 환경을 개선하기 위해서는 인간의 욕망을 제어하지 않고서는 불가능한 현실이 되었다.

소수자를 위한 시선과 작은 자아 속에 내재된 겸손한 자세가 「이사」를 만들어냈거니와 시인은 이 내성을 바탕으로 인간 위주의 삶이 가져온 비극적 결과가 무엇인지 말하고자 했다. 그리고 보다 나은 삶의 개선을 위해서는 인간 자신의 반성적 국면 없이는 불가능하다고 이해하고 있다.

4. 사랑을 향한 지극 정성의 감각

『나비 도둑』을 지배하는 정서는 기대 담론을 향한 열정이 아니다. 그렇다고 해서 대상을, 타자를 향한 시인의 열정이 축소되었거나 무화되었다고 보는 것은 어려운 일이다. 시인은 지금 이곳에서 주어지는, 혹은 느껴지는 것들에 대해 성실히 답하고자 할 뿐이다. 실상, 타자들의 삶에 대한 이해와, 그들의 부조리한 삶의 조건을 개선하기 위한 노력이란 애틋함이라든가 성실성 없이는 불가능하다. 초기 시집 이후 그의 시들이 타자들에 대해 단 한순간도 시선을 떼지 못한 것은 이 때문이다.

다만 그러한 지극 정성의 시선이란 한결같은 것은 아니다. 시대는 현실에 대해 저항했던 주체들의 열정으로 말미암아 많은 부분 올바른 방향으로 개선되어 왔기 때문이다. 그래서 과거의 모형이 현재의 모형에 그대로 들어맞는다고 할 수는 없을 것이다. 하지만 오봉옥의 시에서 어떤 단절이 내재해 있다고 과감히 선언하는 것은 어려운 일이다. 그의 시들에는 변하지 않는 심연이 도도히 흐르고 있는 까닭이다. 그것이 타자들에 대한 가이없는 사랑이다.

실제로 이번 시집에서 가장 전략적인 주제나 소재로 사랑이 등장하는 것은 결코 우연한 일이 아니다. 어쩌면 사랑은 그의 초기 시와 『나비 도둑』을 하나의 무대로 연결시키는 거멀못과 같은 것이라는 점에서 주목을 요한다. 이 시집에는 다양한 형태의 사랑이 등장한다. 부모의 사랑이 있는가 하면(「아버지의 목마」과 「열무쌈」), 이성에 대한 첫사랑의 감각도 있다(「비애증飛愛症」). 이뿐만 아니라 모든 대상을 아우르는 관념적 사랑도 있는데, 이를 대표하는 시가 「사랑이라는 등불」이다.

>악마가 깊은 고민에 빠졌대
>어떻게 하면 이 세상을 한순간에 끝낼 수 있을까?
>
>전쟁의 불씨를 지펴 볼까
>알 수 없는 병균을 다시 퍼뜨려 볼까
>사람들이 숨 쉴 수 없게 기후를 뒤바꿔 볼까
>
>악마는 고민 끝에 결심했대
>사랑이라는 등불을 꺼버리기로
>
>탁!
>
>사랑의 등불이 꺼지자
>세상은 순식간에 암흑 속에 잠겼대
>별빛조차 닿지 않는 깊은 어둠
>
>그때 사람들은 비로소 깨달았대
>사랑이라는 등불보다 더 밝은 빛은
>이 세상 그 어디에도 없다는 사실을

─「사랑이라는 등불」 전문

  이 시를 지배하는 의장은 아이러니이다. 지금 서정적 자아는 "어떻게 하면 이 세상을 한순간에 끝낼수 있을까?" 하고 고민하게 된다. 그 비극적 결론에 이르기 위해서라면, 건강한 자아 혹은 선한 자아로는 불가능하다. 그래서 서정적 자아는 일시적이나마 '악마'가 되기로 한다. 그 목적을 달성하기 위해 "전쟁의 불씨를 지펴 볼까" 고민하기도 하고, "알 수 없는 병균을 다시 퍼뜨려 볼까" 모색하기도 한다. 아니면 "사람들이 숨을 쉴 수 없게 기후를 뒤바꿔 볼까" 하는 끔찍한 상상력을 해보기도 한다.
  하지만 시적 자아는 이런 의장으로 이 세상을 한순간에 무너뜨리는 것이 불가능함을 알게 된다. 그래서 서정적 자아가 내린 결론은 "사랑이라는 등불을 꺼버리기로" 한다. 결과는 적중이었다. "사랑의 등불이 꺼지자/ 세상은 순식간에 암흑 속에 잠"기게 되었기 때문이다. 이는 분명 사랑이 갖고 있는 의미를 새롭게 환기시키기 위한 일종의 아이러니에 해당한다. 아이러니란 표면적 사실과 이면적 사실이 상위될 때, 그 틈을 비집고 숨겨진 진실이 드러날 때 극적 효과가 나타난다. 시인이 의도한 것도 이 부분이다. 사랑의 소멸을 통해서 그것이 얼마나 중요한 것인지를 알리고자 한 것이다.
  시인이 이번 시집에서 아마도 가장 강조하고 싶었던 것도 이 부분이었을 것이다. 그의 초기 시들이 민중적 상상력에 놓여 있는 것이라 했거니와 실상 민중성은 이타성 없이는 성립하기 어려운 것이다. 타자에 대한 사랑이 만들어낸 것이 민중성이기 때문이다. 시인은 이 민중성을 초기 이후부터 계속 실천하고 싶었고, 그 열정은 지금의 경우에 이르러서도 결코 변하지 않고 있었다. 민중성에 대한 애정이 소소한 일상의 사물들에까지 뻗어 나온 것, 그것이 시인의 사랑 의식일 것이다. 시인은 그러한 사랑에 이르기 위해 자신을 최대한 드러내지 않아야 했다. 전라도 사투리에 기대어 펼쳐 보인 「기울긴 허는디」가 이를 대표한다. 이뿐만 아니라 돌출된 자아 또한 가급적 노출되어서는 안 되고, 욕망 또한 최대한 축소되어야 했다. 이런 감각이 표명된 시가 「훔치다」이다. 이 세상에 내 것이란 없다는 것인데, 실상 "수억 년을 살아온 땅 앞에서/ 나는 그저 스쳐 지나가는/ 바람 같은, 티끌 같은 존재일 뿐"(「훔치다」)이기 때문이다. 자신을 낮추고, 욕망을 드러내지 않는 일이야말로 사랑을 실천하는 지름길일 것이다.

> 누나가 백일장에 나가 상을 타고 오자
> 아빠는 흥에 겨워 말했지요.
> "아이, 좋아라. 아이, 좋아라."
>
> 전라도 출신 할머니는 옆에서,
> "오메, 내 새끼!"
> 경상도 출신 할아버지는 옆에서,

"와, 이리 좋노."

나는 콩나물과 고사리, 고추장에
참기름을 넣고
쓱싹쓱싹 비벼 먹는 비빔밥을 좋아해서,

그리고 할아버지 할머니도
섭섭하지 않게
"오메, 와 이리 좋노."

내 사투리 비빔밥에
온 가족이
까르르 까르르 웃어대네요.
　　　　　　　　　　—「사투리 비빔밥」 전문

  '사투리'란 표준어의 반대이기에 보편 다수의 입장에서 보면, 그것은 '드러냄'의 감각으로 다가오게 된다. 이 드러냄이 고유성의 차원에서 머문다면 친밀성으로 남게 될 것이지만 갈등과 진영 논리에 지배된다면 갈등이 된다. 지금 우리의 현실이 이 모양새이다. 말하자면, 분열과 갈등의 정서를 유발하는 상징이 되고 있는데, 이는 시인이 추구해온 사랑과는 거리가 있는 담론들이다.
  이 이질적 담론들이 하나의 장으로 모아질 수 있는 것은 적절한 혼합이 이루어질 때이다. 혼합도 물리적인 차원에서 그치면, 아무런 의미가 없다. 화학적 혼합을 통해서 새로운 물질이나 현상으로 탄생해야 하는 까닭이다. 이에 대한 환기는 "오매, 와 이리 좋노"로 구현되는데, 이런 경지에 이르기 위해서도 꼭 필요한 것이 사랑이라고 이해한다. 드러내지 않고, 더불어 융화되는 것, 이 경지에 이르기 위해서는 사랑 없이는 불가능하기 때문이다.

  오봉옥의 시들은 화순 지역의 아픔을 담은 참여시에서 시작하여 『나비 도둑』이라는 서정시에 이르렀다. 하지만 이런 변화는 시인의 시정신이 점점 작아지는 것을 의미하지 않는다. 그의 시들의 경계는 작은 지역을 넘어 반도의 넓은 지역으로 뻗어나가고 있기 때문이다. 이뿐만 아니라 억압받았던 주체들에 대한 민중성이 개별화된 주체성으로 그 외연이 넓혀지기도 한다. 그 추동의 매개가 된 것이 이번 시집의 전략적 주제인 사랑 의식이었다. 그 정서를 고양시키기 위해서 시인은 "자아란 무엇인가"를 고민하게 되었고 이를 통해서 내성이라는 윤리를 수용하고 욕망을 억제하고자 했다. 내성이라는 윤리와 욕망의 억제가 만들어낸 것이 바로 사랑이었던 것이다.